LE PARTERRE

GEOGRAPHIQUE

ET HISTORIQUE,

OU

GÉOGRAPHIE-PRATIQUE,

OU

NOUVELLE METHODE

d'enseigner la Géographie & l'Histoire,

Dépouillée de la contrainte des méthodes ordinaires, & réduite en forme d'amusement simple & facile.

Dédiée à Monseigneur le Dauphin.

Par le Sieur DE BOURS.

PREMIERE PARTIE.

Segniùs irritant animos demissa per aurem,
Quàm quæ sunt oculis subjecta fidelibus. . . . .

Horat. Arte Poët.

Ce que l'on voit, touche plus que ce que l'on entend.

A PARIS,

Chez NYON Fils, Libraire, Quai des Augustins,
à l'Occasion.

M. DCC. LIII.

Avec Approbation & Privil'

A

MONSEIGNEUR

LE DAUPHIN.

 ONSEIGNEUR:

Lorsque j'ose vous présen-
ter cette nouvelle Methode

a ij

pour apprendre la Geogra-
phie & l'Histoire, je ne pré-
sume pas qu'elle doive servir
à votre instruction ; je sçai
avec toute la France, que les
illustres Personnes qui cul-
tivent avec tant de succès les
heureuses dispositions que la
nature semble vous avoir
prodiguées, ont en tout genre
des lumieres si superieures
aux miennes, qu'en vain je
me persuaderois que mon
travail pût leur être de quel-

que utilité. Je n'ai eu d'autre but, MONSEIGNEUR, que de vous en faire homage, & de l'offrir à la jeune Noblesse sous les auspices d'un Auguste Prince l'objet de ses esperances, & dont l'exemple doit avoir tant de force pour les porter à la vertu & à l'étude des Sciences qui luï sont propres : Je m'estimerai trop heureux, MONSEIGNEUR, si vous daignez agréer ce témoignage de mon

*zele , & du profond respect
avec lequel je suis ,*

MONSEIGNEUR;

Le très-Humble & très-
Obéissant Serviteur***

PREFACE.

UNE Préface pour un Ouvrage de la nature de celui-ci paroît assez inutile, & en effet qu'y voit-on pour l'ordinaire; l'Eloge du Livre, ou celui de l'Auteur, & souvent les deux ensemble, on se flatte par-là d'en imposer au Public, & de lui faire prendre des impressions favorables pour ce qu'on lui presente. Mais ce même Public, Juge équitable,

a iiij

PREFACE.

ne donne à chaque chofe que le prix qu'elle mérite ; il fçait faire la difference de ce qui peut fervir à fon inftruction ou à fon amufement, & on a toujours vû les Ouvrages utiles l'emporter fur les agréables, ou fi ces derniers ont quelquefois parùs avoir l'avantage, leur faveur a été paffagere: Celui qu'on donne aujourd'hui eft de la nature des premiers, du moins c'eft l'intention de l'Auteur. Ainfi on ne doit point y chercher ces expreffions vives & legeres, ces tours de phrafes ingenieux, ces peintures variées, en un mot

PREFACE.

tous ces agrémens qui font le seul merite de beaucoup de nos Livres nouveaux. C'eſt donc un Ouvrage utile que nous annonceons , Ouvrage ingrat & fterile , une Méthode pour enfeigner la Géographie & l'Hiſtoire, mais dépouillée de la contrainte des Méthodes ordinaires. On ſçait qu'à un certain âge tout ce qui a l'air de travail & d'étude rebute , on fent parfaitement qu'il faudroit pouvoir apprendre les Sciences aux enfans comme on leur apprend les chofes les plus communes dans l'uſage Journalier de la vie. Ainſi on ne

peut trop s'attacher à chercher
des moyens pour les rendre plus
faciles, & les faire goûter dès la
première Jeuneſſ... & il y a tout
lieu de croire que l'on y réüſſi-
roit ſi l'on pouvoit les préſenter
aux enfans ſous le feint exterieur
d'un amuſement varié & agréable. C'eſt l'objet de la Nouvelle
Méthode, ſous le nom de Parterre Géografique & Hiſtorique.
On ne dira rien à ſon avantage ;
Nous laiſſons au public à juger
ſi les moyens qu'elle met en œu-
vres peuvent conduire au but
qu'on ſe propoſe. Nous obſerve-
rons ſeulement que nous avons

PREFACE.

des exemples de Jeunes Enfans
de sept à huit ans qui ont fait des
progrez étonnans & rapides étant
conduis par cette nouvelle Methode. Que plusieurs personnes
connues par leur merite & leur
sçavoir , consultées avant que
de la mettre au jour , ont pensé
qu'elle ne pouvoit être que très
avantageuse , car quand même
(disoit l'un d'eux) elle ne seroit
pas du goût de tout le monde ,
cela ne devroit pas empêcher de
la donner , puisqu'il est aussi im-
possible de trouver une Methode
qui convienne à tous les esprits ,
que d'avoir un remede qui serve

PREFACE.

pour toutes les maladies. Effec-
tivement il seroit ridicule de se
flatter qu'elle sera reçue univer-
sellement de tous ceux qui sont
ou qui se croyent en état de se
faire par eux-mêmes une Methode pour conduire la Jeunesse
dans ces Sciences, chacun a son
sistême , & nous n'avons point
envie d'en blamer aucun, il nous
suffit d'exposer le nôtre. Ce que
nous faisons le plus succinctement qu'il nous a été possible ,
tâchant sur-tout de le rendre in-
telligible à tout le monde , de
façon que chacun puisse en faire
usage, car quoique le secours des

PREFACE.

Maîtres soit toujours avantageux & même neceſſaire, & qu'il y en ait déja pluſieurs qui goûtent & ſuivent notre ſiſtéme, on pourra fort bien avec notre Methode ſeule enſeigner à ſes enfans ce que l'on apprendra ſoi-même en même tems avec un peu de ſoin & d'attention ; quand même on n'auroit eû juſqu'alors aucune teinture de ces Sciences.

NOTA.

On a été obligé de changer la Couleur des Plans, & de les mettre en Rouge.

Ainſi à la Page 22. *Ligne 9.* au mot *Jaune,* liſez *Rouge.*

Et à la Page 26. *Ligne 7.* liſez auſſi *Rouge* au lieu de *Jaune.*

PRIVILEGE DU ROY.

LOUIS par la Grace de Dieu Roi de France & de Navarre : A nos amez & feaux Conseillers, les Gens tenans nos Cours de Parlement, Maîtres des Requêtes ordinaires de notre Hôtel, Grand Conseil, Prévôt de Paris, Baillifs, Sénéchaux, leurs Lieutenans Civils & autres nos Justiciers qu'il appartiendra : SALUT. Notre bien amé le Sieur * * * nous ayant fait remontrer qu'il souhaiteroit faire imprimer & donner au Public un Ouvrage qui a pour titre *Le Parterre Geographique & Historique à l'usage de Notre très cher Fils le Dauphin, ou Nouvelle Methode d'enseigner la Geographie & l'Histoire* ; S'il nous plaisoit lui accorder nos Lettres de Privilege sur ce nécessaires, offrant pour cet effet de le faire imprimer en bon Papier & beaux Caracteres suivant la feuille imprimée & attachée pour modéle sous le contrescel des Presentes. A CES CAUSES, voulant favorablement traiter ledit Sieur Exposant, Nous lui avons permis & permettons par ces Presentes de faire imprimer ledit Ouvrage cy - dessus specifié conjointement ou séparement , & autant de fois que bon lui semblera , & de le faire vendre & débiter partout notre Royaume pendant le tems de six années consécutives à compter du jour de la datte desdites Presentes : Faisons deffenses à toutes sortes de personnes de quelque qualité & condition qu'elles soient , d'en introduire d'Impression étrangere dans aucun lieu de notre obéissance , comme aussi à tous Libraires , Imprimeurs

& autres d'imprimer, faire imprimer, vendre, faire vendre, débiter ni contrefaire le dit Ouvrage cy-dessus exposé, en tout ni en partie, ni d'en faire aucuns extraits sous quelque prétexte que ce soit d'augmentation, correction, changement de titre ou autrement, sans la permission expresse & par écrit dudit sieur Exposant ou de ceux qui auront droit de lui, à peine de confiscation des exemplaires contrefaits, de quinze cent livres d'amende contre chacun des contrevenans dont un tiers à nous, un tiers à l'Hôtel-Dieu de Paris, l'autre tiers audit Sieur Exposant, & de tous dépens dommages & intérêts ; à la charge que ces Présentes seront enregistrées tout au long sur le Registre de la Communauté des Libraires & Imprimeurs de Paris dans trois mois de la datte d'icelles ; Que l'Impression de cet Ouvrage sera faite dans notre Royaume & non ailleurs ; & que l'Impetrant se conformera en tout aux Réglemens de la Librairie, & notament à celui du dixiéme Avril mil sept cens vingt-cinq, & qu'avant que de l'exposer en vente, le Manuscrit ou Imprimé qui aura servi de Copie à l'impression dudit Ouvrage, sera remis dans le même état où l'approbation y aura été donnée, ès mains de notre très-cher & féal Chevalier Garde des Sceaux de France le Sieur Chauvelin, & qu'il en sera ensuite remis deux Exemplaires dans notre Bibliothéque publique, un dans celle de notre Château du Louvre, & un dans celle de notre très cher & féal Chevalier Garde des Sceaux de France le Sieur Chauvelin ; le tout à peine de nullité des Présentés, du contenu defquels vous Mandons & enjoignons de faire jouir ledit Expofant ou fes aïans caufe plainement & paifiblement fans fouffrir qu'il leur foit fait aucun trouble ou empêchement, voulons que la copie defdites Préfentes qui fera imprimée au long au commencement où à la fin dudit ouvrage, foit tenue pour duëment fignifiée, & qu'aux copies collationnées par l'un de nos amés & feaux Confeillers & Sécretaires, foi foit ajoûtée comme à l'Original. Commandons au premier notre Huiffier ou Sergent de faire pour l'exécution d'icelles tous Actes requis & néceffaires, fans demander autre permiffion, & nonobftant Clameur de Haro, Chartre Normande, & Lettres à ce contraires. Car tel eft notre plaifir. Donné à Compiegne le vingt-feptiéme jour de Juillet l'an de grace mil fept cent trente-fix, & de notre Régne le vingt-uniéme. Par le Roi en fon Confeil.

SAINSON.

Regiftré fur le Régiftre IX. de la Chambre Royale & Syndicale des Libraires & Imprimeurs de Paris, N°. 335. Fol. 294. conformement au Réglement de 1723. qui fait défenfes, art. IV. à toutes perfonnes de quelque qualité & condition qu'elles foient, autres que les Libraires & Imprimeurs, de vendre, débiter, & faire afficher aucuns Livres pour les vendre en leurs noms, foit qu'ils s'en difent les Auteurs ou autrement, & à la charge de fournir les huit Exemplaires prefcrits par l'art. CVIII. du même Réglement. A Paris le 12 Août 1736.

G. MARTIN, Syndic.

AVERTISSEMENT

Post Scriptum.

LA deuxiéme Partie du Parterre Géographique & Historique que nous donnons au Public, & le débit des Boëtes, Rubans & Pyramides relatifs à ce Parterre, ne nous dispensent pas de l'Avertissement que l'on va lire.

Sur l'avis de plusieurs Sçavans, nous avons renoncé à la gravure des nouvelles Cartes que nous avions promises en cette premiére Partie, pag. 82 & 83. chacun pourra choisir celles qui lui conviendront. M. l'Abbé Langlet Dufresnoy a sçu indiquer les bons Auteurs avec tant de vérité & d'exactitude, que l'on ne sçauroit se tromper au choix.

Quant à la Méthode, nous nous restraindrons à ce qui est absolument

AVERTISSEMENT.

néceſſaire pour l'intelligence de nos Agrêts ſcientifiques ; ce ſera l'ordre que nous indiquons , ou tel autre qu'on imaginera : tous ſeront égale-lement utiles , pourvû que l'on ſuive l'ordre numérique ſervant à diſtin-guer nos Boëtes, nos Rubans & Py-ramides , pour leſquels nous nous conformons à l'ordre numérique que le R. P. Buffier a adopté. La Carte des Environs de Paris que nous joi-gnons au préſent Avertiſſement, don-nera une idée des autres augmenta-tions que nous avons faites à notre premier Plan , & de celles que nous y ferons. Cette Carte eſt un vrai Ta-bleau des Parterres fixes & réels , & une eſquiſſe des Portatifs , d'autant plus curieux & exacts , qu'ils ſeront dreſſés ſur les Cartes des Triangles. L'on comprend aiſément que ceux-ci n'effaceront jamais les autres. Les Partertes fixes & réels tiendront tou-

AVERTISSEMENT.

jours le premier rang ; mais ils ne font pas à la portée de tout le monde : & il ne fera guéres permis qu'aux Princes, aux Seigneurs, & aux perſonnes extrêmement riches, de ſe donner des lycées auſſi cheres.

Les Parterres Portatifs ſuppléront aux autres. Il y en aura à tout prix, & le moindre ſuffira pour apprendre en peu de tems dans un Jardin, dans une Cour, dans un Cabinet, & même ſur une Table, autant & ſi peu de Géographie & d'Hiſtoire que l'on voudra. Les progrès rapides & extraordinaires de pluſieurs jeunes gens de tout âge, nous ont ſurpris nous-mêmes. Nous ſommes en état de produire ſur la ſcène plus d'un jeune Eleve, pour qui les termes de *Nadir* & de *Dynaſtie* ne ſont point des termes barbares. Au reſte, ce dernier trait de louange ne tombe nullement ſur la capacité du Maître, mais ſur

AVERTISSEMENT.

des moyens heureufement trouvés.

Toute perfonne peut aifément dreffer ces fortes de Parterres ; il fuffit de fçavoir que les feules Pyramides doubles font attachées à un triple Cordon que l'on fçaura dans le moment attacher à un Piquet, ou fi on l'aime mieux à un arbre, à une chaife, à une tapifferie, ou à ce que l'on voudra. Il eft vrai que pour les orienter, il faut un peu plus d'intelligence ; mais comme nous n'avons encore trouvé perfonne qui ne l'ait appris, dès la premiére leçon, nous ne rifquons rien d'affurer que tout le monde peut faifir dans l'inftant l'opération dont il s'agit.

Nous avons crû devoir donner le nom de Voyageurs à nos Parterres Portatifs, parce qu'on les tranfporte où l'on veut : d'ailleurs l'on s'y exerce à peu près comme un Curieux fait dans fes voyages. Un Curieux par

AVERTISSEMENT.

tout où il paſſe , meſure , demande ,
éxamine , & nos Cordons avec nos
Pyramides, eſpéces d'Oracles muets,
lui ſervent de Compas , de Précep-
teurs & de Maîtres.

Et pour ne rien négliger de çe qui
peut faciliter l'intelligence & l'uſage
de notre ſiſtême , nous donnons une
récapitulation générale avec laquelle tout Etudiant qui aura une fois lû
cette premiére & ſeconde Partie ,
pourra avancer tant & ſi peu que
bon lui ſemblera.

Cette récapitulation eſt un moyen
vraiment avantageux au Public, puiſ-
qu'il lui épargne & la dépenſe & la
peine de faire ici des recherches.
(L'on diſtribuera cette récapitulation
avec les Légendes que nous avons
annoncées pag. 93 & 203 de la
deuxiéme Partie) & en même-tems,
ou quelque tems après , nous donnerons les régles d'un Jeu , qui fait un

AVERTISSEMENT.

exercice autant amuſant qu'inſtructif pour la jeuneſſe ; nous eſpérons que bien des Curieux de tous âges en feront uſage.

Ce ſeroit fatiguer le Lecteur que d'appuyer ſur l'excellence & l'utilité de deux Sciences qui entrent néceſſairement dans la belle éducation. L'exemple de notre Monarque eſt un Panégyrique vivant de l'Hiſtoire, & ſurtout de la Géographie. Louis, digne de donner des loix à toute la Terre, dont il a fait déterminer par ſes Sçavans, la forme & la meſure, en connoît parfaitement tous les Climats, tous les Pays, toutes les Religions & tous les Peuples.

(L'on trouve au Bureau , rue S. Victor , tous les agrêts d'uſage dans le ſiſtême.)

ERRATA.

Page 59. *lig.* 17. au mot *noir*, liſ. *verd.*
Ibid. *lig.* 18. au mot *cinq*, liſ. *trois.*
Ibid. *lig.* 19. au mot *cinquiéme*, liſ. *troiſiéme.*
Pag. 60. *lig.* 6. au mot *pourpre*, liſ. *jaune & blanc.*
Ibid. *lig.* 7. au mot *quatre*, liſ. *trente.*
Ibid. *lig.* 8. au mot *quatriéme*, liſ. *trentiéme.*

Mur d'Enceinte du Jardin sur lequel seront marqués les Degrés de Longitude

IDÉE D'UN JARDIN
Tracé et Planté
Pour former une Carte Géographique

NOTA Le Cours des Rivieres sera désigné par du Sable.
Les Mers seront des Pieces de Gason contournées de façon
qu'elles marqueront les Sinuosités des Costes.
Les Grands chemins seront en terre ou Sable diferent.
Les Bois et les Forêts deviendront des Bosquets du Jardin.
Les Divisions des Royaumes seront marquées par de petites
Charmilles, celles des Provinces par des bordures de Buis

Echelle de 6000 Toises
Echelle de 3 Petites Lieues de 2000 Toises chaque.

LE PARTERRE
GEOGRAPHIQUE
ET HISTORIQUE.

❖❖❖❖❖❖❖❖❖❖❖❖❖❖❖❖❖❖❖❖❖❖❖❖

DISCOURS PRELIMINAIRE.

TOUT le monde convient que la connoiſſance de l'Hiſtoire eſt une Science d'autant plus utile à l'homme, qu'elle ſert à le conduire dans les différens états de la vie : Ses faits ſont des éxemples frapans qu'elle met à chaque inſtant ſous les yeux pour notre inſtruction : C'eſt dans elle que nous pouvons

A

puiſer, dès notre premiere jeuneſſe, une expérience que nous acquerons toûjours trop tard, & trop ſouvent à nos dépens.

La Géopraphie n'eſt pas moins utile, c'eſt même de toutes les Sciences celle qu'il ſemble le plus honteux d'ignorer ; on voit tout le monde chercher à s'en inſtruire avec un certain empreſſement qui marque mieux que toute choſe le beſoin qu'on en a. En effet, n'eſt-il pas naturel qu'habitans de la terre, nous connoiſſions ſa ſituation, ſon étenduë, les parties qui la compoſent, les diverſes Nations qui y ſont répanduës, leurs mœurs, leurs coûtumes, les lieux qu'ils occupent, la nature & la qualité du Païs qu'ils ont en partage ; en un mot tous ces détails ſi utiles & ſi agréables, qui ſe préſentent à chaque inſtant dans la Géographie.

Ces vérités ſont trop convaincantes pour avoir beſoin d'être appuyées par toutes les réfléxions qui ſe préſentent, & ce n'eſt pas d'aujourd'hui qu'elles ſe ſont faites ſentir.

Tous ceux qui ont écrit ſur la Géographie, & ſur l'Hiſtoire, n'ont eû pour but que d'inſtruire la poſterité ; mais s'il falloit les aller chercher dans toutes leurs diverſes ſources, ce ſeroit un travail & une étude qui conſommeroit un temps conſidérable de notre vie, & ſur-tout un temps précieux, où ſon employ nous eſt le plus utile. C'eſt donc pour ſauver ce temps, & tirer un fruit plus prompt qu'on a inventé diverſes Méthodes pour tâcher de conduire la jeuneſſe à la connoiſſance de ces Sciences.

Quoique ces Méthodes ſoient fort bonnes, & ſorties des mains de grands Maîtres, on peut dire qu'elles ne ſont pas aſſez faciles & aſſez ſimples pour pouvoir être ſuivies dans ces temps de l'enfance, où les plus petites occupations, lorſqu'elles ont l'air de travail & d'étude, rebutent & donnent un dégoût pour les Sciences, que l'on a bien de la peine à vaincre en avançant en âge, & qui fait un tort infini au progrès qu'on y pourroit faire.

C'eſt donc pour dégager de cette contrainte, que beaucoup de perſonnes d'un mérite diſtingué, ont

imaginé & donné au Public en différens temps des Jeux qui traitent, les
uns de Géographie, les autres d'Histoire ; mais l'expérience a fait connoître que ces Jeux , tout ingénieux
qu'ils font , amufent infiniment plus
qu'ils n'inftruifent ; parce que les jeunes gens ne portent leur attention
qu'à ce qui fait le Jeu , fans s'attacher
aux applications qu'on leur en veut
faire.

C'eft cette réfléxion qui a engagé
l'Auteur à chercher une Méthode
qui , loin d'avoir quelque chofe de
rebutant ou de pénible , pût s'offrir à
la jeuneffe fous l'apparence d'un amufement, qui tint le milieu entre ces
Jeux & la contrainte des Méthodes
ordinaires.

A iij

Cet amusement est convenable à leur âge, & est varié d'une maniere si agréable, qu'ils peuvent apprendre les choses les plus difficiles sans s'en appercevoir, & les ayant apprises avec goût, ils ont une constante & curieuse inclination de s'y perfectionner : c'est spécialement ce goût & cette inclination que l'Auteur entreprend d'insinuer & faire naître. Pour y parvenir, il a consulté, éprouvé, & pratiqué ; il se flatte enfin d'en avoir trouvé les moyens par sa nouvelle Méthode. La Géographie & l'Histoire sont les objets qu'elle embrasse, & qu'elle dévelope d'une maniere simple & facile.

Dans cet âge tendre, où l'esprit incapable de réfléxion & d'attache, ne

peut soûtenir des opérations fortes,
& assiduës, il faut le soulager par le
secours des sens ; la vûë d'un objet
extérieur frape, fait naître des idées,
qui s'arrangent & se fixent sur la nature de l'objet qui s'est présenté : par
éxemple, un enfant apprend à connoître la maison qu'il habite, de façon qu'il ne se trompe jamais à aller
dans la cour, dans le jardin, dans la
ruë, à la premiere idée qu'on lui pro-
pose d'y passer : à mesure qu'il avan-
ce en âge, il connoît avec la même
facilité les différens Appartemens par
leurs noms, il ne confondra jamais la
salle à manger avec le cabinet, ni
une autre chambre ; il n'a nulle in-
quiétude pour apprendre comme une
leçon, que dans celle-là il y a un

A iiij

buffet, dans cette autre un lit, dans celle-ci des livres. Il faut très-peu de temps pour qu'il fçache rendre compte des différentes chofes qui font en place conftante dans ces Appartemens ; il y remarquera même des Tableaux, dont il apprendra infenfiblement le fujet ; cette facilité n'eft telle que parce qu'il a devant les yeux les divers objets qui repréfentent ces chofes. Appliquons cet éxemple à la Géographie, que cette maifon repréfente une partie du monde ; qu'on y trouve la fituation des Royaumes, la pofition des Villes, & tous les autres détails de la Géographie, marqués par des objets fenfibles & diftincts ; il eft certain que l'enfant conduit pas à pas, & ménagé avec foin, retiendra en s'amufant, tout ce que ces divers objets repréfenteront, & il en pourra faire lui-même les applications, qui lui deviendront familieres, & tellement naturelles, qu'il ne pourra jamais s'y tromper, & ne fera pas dans le cas d'expofer faux, comme il arrive très-fouvent à ceux qui font conduits par les Méthodes ordinaires.

Ce n'eft donc qu'un amufement qu'on propofe, mais un amufement conduit avec tel artifice, qu'il mene infenfiblement à des connoiffances qui femblent ne pouvoir être que le fruit d'une étude longue & pénible.

Il n'eft pas moins aifé de faire voir que l'Hiftoire peut de même être appliquée à des objets fenfibles, dont la vûë continuelle puiſſe fixer les idées. Pour en être convaincu, il ne faut que réfléchir ſur le nombre de perſonnes qu'un enfant apprend à connoître ſans s'en appercevoir, & ſans aucune application ni étude, ou du moins ſans qu'on ait paru prendre aucun ſoin de l'en inſtruire : il connoît d'abord ces perſonnes par la différence de leur nom, peu après par la différence de condition, bientôt il ſçaura quelque particularité qui diſtingue les qualités, la parenté, la profeſſion, la demeure : il ſçaura quelque choſe du caractere de ceux-ci, de l'hiſtoire de ceux-là ; en un mot la connoiſſance d'un nombre de perſonnes s'arrange d'abord en la mémoire des enfans avec une ſorte de confufion; & à mefure qu'ils voyent ces perfonnes, leurs idées fe déve- lopent; entendans dire du bien des uns, du mal des autres, les entendans parler, les voyans agir, tout concourt à leur faire naître des idées, qui fe combinent de façon qu'au bout de quelques années, l'enfant apperce- vant une de ces perfonnes, penfe c'eft un tel, & fur le champ pouroit dire ce qu'il eft, ce qu'il vient faire, fans le confondre avec tant d'au- tres qu'il connoît auffi-bien, & qui peuvent même fe reffembler beau- coup.

Il ne s'agit donc que de trouver des objets fenfibles & affez variés, pour y pouvoir appliquer tous les détails qu'éxige l'Hiftoire; c'eft à

quoi l'Auteur eſt parvenu, au moyen
des Piramides & de leurs différens
attributs; la preuve en eſt aiſée, &
n'a pas beſoin d'un long raiſonne-
ment. De tout ce qu'on vient de dire
on conclud ſans peine, que puiſque
tout naturellement nous connoiſ-
ſons un nombre infini de lieux, figures, meubles, habits, outils, plantes,
animaux, images, traits & caracteres
de perſonnes, ſans que cette connoiſſance nous ait coûté la moindre
étude; à plus forte raiſon, ſera-t-il
aiſé de connoître un nombre fixe de
Piramides, qui par la différence de
leurs figures & la variété de leurs
couleurs, repréſenteront ſans confuſion, & les hommes illuſtres & les
principaux faits de l'Hiſtoire, qu'il

fera très-facile de retracer tous les jours à l'efprit.

Après avoir démontré la poffibilité & la facilité de la nouvelle Méthode, avec les avantages qu'elle a fur toutes les diverfes manieres d'enfeigner l'Hiftoire & la Géographie dont on s'eft fervi jufqu'ici ; il n'eft plus queftion que de déveloper les moyens dont elle fe fert, & d'en faire enfuite l'application à ces Sciences, avec la maniere d'y conduire les jeunes gens : ce qui divife la nouvelle Méthode en trois parties.

La premiere partie eft un dévelopement des moyens qu'elle met en ufage, contenant la defcription des plans, avec la maniere de les conftruire, & celle des Piramides, leurs différens attributs , avec les arbres hiftoriques.

La feconde partie contient l'application des plans des Piramides & des arbres à la Géographie & à l'Hiftoire, avec tous les détails néceffaires pour parvenir à la connoiffance de ces Sciences.

La troifiéme enfin, donne la maniere de conduire & menager les jeunes gens pour arriver au but qu'on fe propofe.

DESCRIPTION
DES PLANS, DES PIRAMIDES
ET DES
ARBRES HISTORIQUES.

PREMIERE PARTIE.

POur éviter la confusion, & répandre le plus de jour qu'il
est possible sur cet Ouvrage, qu'on
veut rendre d'une pratique simple &
facile pour toutes sortes de personnes ; on a divisé cette premiere partie en trois Chapitres, qui renferment
plusieurs Sections.

Dans le premier Chapitre on traite
des Plans ou Cartes qui peuvent être

tracées fur les différens terrains, avec la maniere de les éxécuter.

Le fecond Chapitre traite des Piramides. On y trouve une defcription éxacte de toutes leurs figures, & des couleurs qu'on eft obligé d'y employer, avec une explication fuccinte des fignifications attribuées à la variété de ces figures & de leurs couleurs.

Et le troifiéme Chapitre expofe le rapport plus particulier de nos Piramides à l'Hiftoire, avec la defcription des arbres dont nous nous fervons pour rendre fenfibles & expofer aux yeux toutes les divifions néceffaires à la connoiffance de cette Science.

CHAPITRE

CHAPITRE I.

DES PLANS OU CARTES.

NOUS ne répéterons point ici ce que nous avons dit dans le Discours préliminaire, pour démontrer que la Géographie & l'Histoire peuvent être appliquées à des objets extérieurs & sensibles, qui disposés avec art, & présentés avec ordre & ménagement, imprimeront avec facilité dans l'esprit des jeunes gens, tous les détails nécessaires pour les conduire insensiblement & sans peine, à la connoissance de ces deux Sciences.

Nous nous flatons donc d'avoir convaincu de la possibilité & de la facilité de la nouvelle Méthode ; ainsi nous allons passer à la construction de nos Plans ou Cartes.

SECTION I.

Ce que nous entendons par nos Plans , c'est de faire de la maison qu'on occupe (telle qu'elle soit) une Carte Géographique , dont toutes les parties soient sensibles , & puissent fraper par une vûë continuelle.

Pour y parvenir , il faut commencer par lever un Plan du lieu qu'on a à sa disposition , soit maison , ou jardin , & faire en sorte qu'il soit fidéle & bien détaillé , & que tout s'y trouve dans sa véritable situation ; il faut aussi avoir soin de le bien orienter ; c'est-à-dire , de marquer de quel côté eſt le Nord, le Midi, l'Orient, & l'Occident.

Sur ce Plan ainſi dreſſé on trace une Carte Géographique, & alors on voit que chaque partie de cette maiſon ou jardin devient différentes parties de la terre, qui s'y trouvent comme tranſportées ; on trouve dans telle chambre ou tel cabinet, tel Royaume, ou telle Province ; on voit l'étenduë de terrain que chacun renferme, qui ſe trouve dans une proportion égale à celle qu'ils oc-cupent ſur la ſurface de la terre.

Il ſeroit aiſé d'étendre cette idée, & de faire voir le raport qui doit ſe trouver entre toutes les parties de nos Cartes, & celles des différens terrains qu'on peut choiſir pour en

B ij

faire l'application : Mais le but de notre fyftême étant de foulager l'efprit & la mémoire par le fecours des fens , nous donnons à la place de ces détails le Plan d'un lieu fur lequel nous avons tracé une Carte Géographique.

Le terrain que nous choififfons ici pour éxemple , eft le Jardin des Thuilleries , parce qu'étant affez connue de tout le monde , chacun pourra plus aifément faire les applications néceffaires pour l'intelligence de notre fyftême.

Nous commençons par mettre fous les yeux le Plan tout feul. La premiere Planche (*voyez Planche* I.) repréfente ce Jardin ; avec un peu d'attention , on y diftin-

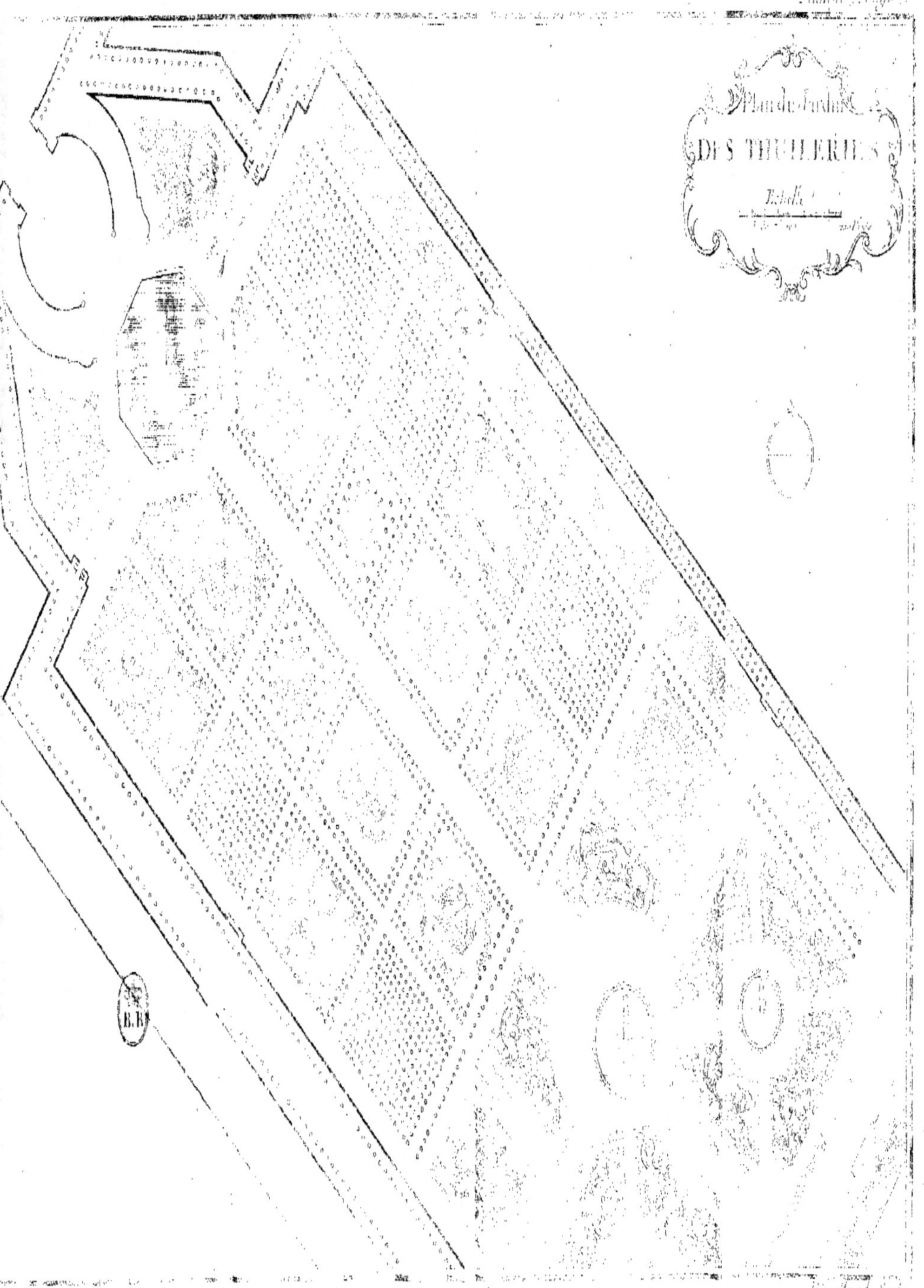
Planche
Plan du Jardin
DES THUILERIES
Echelle

guera sans peine les Baſſins, les Parterres & les pieces de Gaſon, d'avec
les Allées dont les Arbres ſont marqués par des points vuides, aſſez
gros, & éloignés les uns des autres.
La maniere dont il eſt ici tourné, eſt
pour s'orienter comme il doit être
par raport aux Cartes, ce qui a fait
ſortir quelques parties du Jardin hors
de la Planche.

La Carte Géographique qu'on
veut appliquer ſur ce Plan, vient
enſuite ; (*voyez la Planche deuxiéme*) c'eſt une Carte d'Europe, avec
des portions d'Aſie & d'Afrique.
Il a été néceſſaire de donner & le
Plan & la Carte détachés, avant
que de les faire voir appliqués l'un
ſur l'autre, parce qu'après les avoir

bien éxaminés féparément, il fera plus aifé de les bien reconnoître, & de ne point confondre l'un avec l'autre.

La Planche troifiéme eft donc le Jardin des Thuilleries, fur lequel on a fait l'application de la Carte. Il eft inutile de dire que ce qui eft tracé en jaune, eft ce Jardin, & le noir la Carte. Nous croyons à préfent qu'on les pourra diftinguer fans y trouver de confufion.

On voit par ce moyen quelles parties de la terre, quels Royaumes fe trouvent répondre aux différens endroits de ce Jardin; on voit ce que devient une Mer, un Lac, & ainfi de tous les détails de la Carte.

Il n'eft pas befoin de faire remarquer que ce que nous faisons ici sur le Plan du Jardin des Thuilleries, se peut faire sur tout autre Plan particulier que ce puisse être : alors on conviendra qu'avec le secours d'une Carte ainsi tracée, on peut soi-même, sans art & sans étude, reconnoître & marquer toutes les divisions Géographiques que la Carte indique, & tout se trouvera dans sa véritable position, qui sera constante & perpétuellement sous les yeux.

SECTION II.

Comme la nouvelle Méthode tire son principal avantage de la simplicité des moyens qu'elle met en œuvre, on ne doit point s'attendre à voir d'abord des Cartes Géographiques chargées de tous les détails qu'elles doivent renfermer, nous ne les ferons paroître que par degrez.

Celle que nous venons de donner, repréſente l'Europe en général, avec partie de l'Aſie & de l'Afrique. (*Voyez Planche* 3.)

Ce qu'on y doit chercher, ſe réduit donc à l'étendue de cette premiere partie du Monde, ſa figure, ſes confins, avec l'Aſie & l'Afrique, quelles Mers en baignent les côtes, le nombre de Royaumes qui la compoſent ; leur grandeur, & la ſituation des uns par raport aux autres, avec leurs Capitales ſeulement, & les principales Rivieres ; enſuite s'attacher à bien reconnoître à quels endroits du Jardin chacune de ces

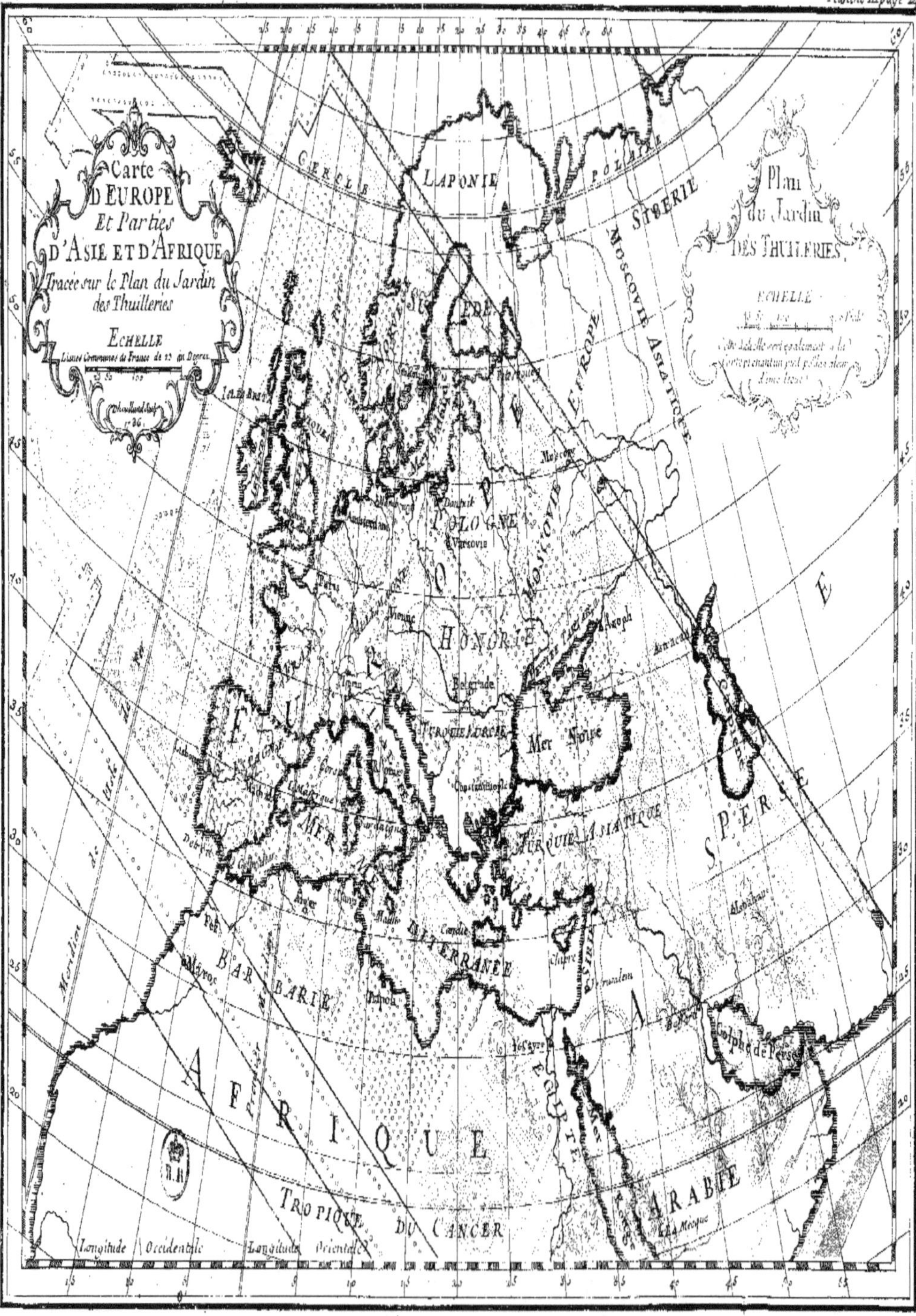

Carte
D'EUROPE
Et Parties
D'ASIE ET D'AFRIQUE
Tracée sur le Plan du Jardin
des Thuilleries
ECHELLE
Lieues Communes de France de 22 au Degré.
Dheulland Sculp.
1736.
Plan
du Jardin
DES THUILLERIES
ECHELLE
Cette Echelle sert également à la
Carte, en prenant un pied pour une lieue
d'une lieue.
CERCLE POLAIRE
LAPONIE
SIBERIE
MOSCOVIE ASIATIQUE
SUEDE
MOSCOVIE EUROPE
Moscou
POLOGNE
Varsovie
Vienne
HONGRIE
Belgrade
Azoph
MER CASPIENNE
TURQUIE D'EUROPE
Mer Noire
Constantinople
TURQUIE ASIATIQUE
PERSE
MER MEDITERRANÉE
Candie
Chypre
SYRIE
Jerusalem
BARBARIE
Maroc
Tripoli
Alexandrie
Golphe de Perse
AFRIQUE
ARABIE
EGYPTE
La Mecque
TROPIQUE DU CANCER
Longitude Occidentale   Longitude Orientale
ISLES BRITANNIQUES
Paris
ITALIE
ESPAGNE
Mer de Maroc

parties fe trouve répondre.

Outre l'Europe, on trouve auffi dans cette Carte des portions affez confidérables de l'Afie & de l'Afrique.

Après avoir mis fous les yeux les fituations générales, il faut pour entrer dans les détails néceffaires à la connoiffance de chaque partie, donner d'autres Cartes.

Si c'eft, par éxemple, la France que l'on veüille connoître, on remarque fur la Carte générale quel endroit du Jardin ce Royaume fe trouve occuper ; on en fait un Plan particulier, fur lequel on trace une Carte de France, que l'on ne chargera pas encore de tous les détails Géographiques ; mais qui fera feulement divisée en ses trente Gouvernemens, avec leurs Capitales & leurs principales Rivieres.

Le Plan cy joint, facilitera l'intelligence de cecy. (*Voyez la Planche* 4.)

On sçait que le jaune est la portion du Jardin occupée par la France, sur laquelle on a tracé la Carte, qui n'est pas non plus fort chargée; il suffit qu'elle nous donne une idée générale de ce Royaume divisé en ses trente Gouvernemens, dont elle montre l'étenduë & la situation, de même que le cours des principales Rivieres , & n'avançant que peu à peu & par degrez, nous donnerons une Carte particuliere pour chaque Gouvernement, qui se trouvent ainsi

Comté
SUISSE
Geneve
le Rhône
SAVOIE
le Po
ITALIE
Grenoble
Dauphiné
Turin
Genes
Provence
Aix
MEDITERRANÉE
47
46
45
44
43
4
5
6
7
Dheu

Planch. IV. Pag. 16
ANGLETERRE
LA MANCHE
PLAN
de la Partie du
Jardin des Thuilleries
Lille
Picardie
Flandre
Françoise
Amiens
La Seine
Rouen
Reims
Verdun
Metz
Isle de France
Paris
Normandie
Loraine
Champagne
Alsace
Toul
Strasbourg
Bretagne
Mayenne
Rhinau
Maine
Orleans
Anjou
Orleanois
Angers
Tours
Franche
Bourgogne
Dijon
Besançon
Comte
SUISSE
Touraine
Bourbon
Berry
Niverno
Nevers
Genève
Poictou
Poictiers
Marche
Guerret
Moulins
Bourbonnois
Lionois
Lion
SAVOIE
Aunis
la Roch
Saintonge
Limoges
Limosin
Clermont
Auvergne
Carte de
FRANCE
Divisée en ses Trente
Gouvernemens
Avec leurs Capitales
ECHELLE
Lieües communes de France
1736
le Por
Grenoble
ITALIE
Dordogne
Dauphiné
Turin
Bourdeaux
Genes
Guyenne
Rhone
Provence
Languedoc
Aix
Pau
Bearn
Toulouse
Comté
de
Foix
Perpignan
Roussillon
MER MEDITERRANÉE
ESPAGNE
Nicollet Sculp.

détaillés avec l'éxactitude néceffaire
pour en apprendre parfaitement la
Géographie.

Par cette Méthode nous rendons
nos Cartes moins chargées, l'ufage
en devient plus facile à toutes fortes de perfonnes, & nous remé-
dions à la confufion, qui eft pref-
que inévitable dans les Cartes ordinaires.

Ce que nous venons de faire pour
la France, fe fera de même pour
les autres Royaumes de l'Europe,
& enfuite pour les trois autres Parties
du Monde.

Nous ne nous étendrons pas davantage fur ce détail Géographique,
qui nous meneroit trop loin, &
qui appartient à la feconde partie

de notre Méthode.

Cependant avant que de finir ce Chapitre, nous ajoûterons encore quelques réfléxions fur les divers Plans ou Cartes qu'on peut tracer felon le terrain qu'on a à fa difpo-fition.

SECTION III.

Quoique nous n'ayons deffein dans ce que nous donnons aujour-d'hui, que d'expofer fimplement les moyens dont la nouvelle Méthode prétend faire ufage, & mettre le Public en état d'en juger, fans entrer dans l'éxécution, nous ne laiffe-rons pas de dire quelque chofe fur la maniere dont nos Cartes font conftruites, & fur le moyen d'en faire l'application ſur quelque terrain que ce ſoit , pour ſatisfaire ceux qui voudroient déja en pouvoir faire uſage.

Une obſervation qu'il eſt néceſſaire de faire, c'eſt qu'on ne doit pas juger du corps de l'Ouvrage par les deux Cartes que l'on vient de donner pour éxemple. Celles qui feront dreſſées pour notre Parterre Géographique, feront près de moitié plus grandes ; ainſi on ne fera pas obligé de faire les Plans des lieux ſur leſquels on les voudra appliquer, auſſi petits que nous avons fait celui des Thuilleries , dont on n'a marqué que les maſſes principales pour éviter la confuſion.

On demandera peut-être pourquoi nous n'avons pas fait ceux-cy de la même grandeur. On répond qu'on n'a pas crû qu'il fût utile d'en faire la dépense; & par conséquent d'encherir un ouvrage de la nature de celui-cy, qui n'est, à proprement parler, que l'annonce de notre nouvelle Méthode; cependant ce Plan est encore assez grand, pour que tout s'y puisse distinguer sans peine : & à l'égard des détails particuliers, on voit par la quatriéme Planche qui représente la France, comment cette partie se trouve agrandie; on prendra ensuite chaque Gouvernement séparément, ce qui fera autant de Cartes, qui se trouveront ainsi augmentées par degrez; de sorte qu'il sera facile de ne rien obmettre, ni de rien négliger.

La premiere chose qu'on doit donc considérer pour faire usage de nos Cartes, c'est l'étenduë du terrain que l'on a à sa disposition.

Plus ce terrain sera vaste, & plus les détails Géografiques qu'on y veut appliquer, seront sensibles.

Sur un lieu grand comme le Jardin des Thuilleries, ou le Luxembourg, on peut tracer une Carte générale de l'Europe, avec des parties considérables de l'Asie & de l'Afrique, en prenant un pied de distance pour représenter la longueur d'une lieuë; cette mesure est belle & commode, & c'est sur elle que nous avons dressé les deux Cartes que nous venons de donner. Mais comme tout

le Monde n'a pas de pareilles éten-
duës chez foi, & qu'il eft de l'ef-
fence de notre Méthode de mettre
tout perpétuellement fous les yeux,
on pourra fort bien ne prendre que
fix pouces fur fon terrain pour la
longueur d'une lieuë ; & même fi
on y eft forcé par la petiteffe du lieu,
ne donner que trois pouces : dans
cette derniere mefure on peut encore
tout marquer fans craindre de confufion.

Ainfi pour avoir l'échelle, ou la
mefure fur laquelle on doit faire le
Plan de fa maifon, il ne faut que
prendre l'échelle de notre Carte,
dont les lieuës deviendront des pieds,
c'eft-à-dire, que la grandeur que l'on
prend pour défigner, je fuppofe 20.
lieuës

lieuës , lorfqu'on dreffera le Plan de fa maifon, cette même grandeur ne repréfentera que 20. pieds : ce qui conferve une proportion éxacte entre les parties de la Carte & celles du Plan de l'endroit fur lequel on en veut faire l'application.

Et fi , comme on vient de le dire , on veut faire fon Plan plus petit , & qu'au lieu d'un pied , on ne puiffe donner que fix pouces , ou trois pouces , il faut alors ne prendre que la moitié , ou le quart de l'échelle.

C'eft une chofe fort fimple & fort aifée , que de tracer , felon une mefure déterminée , la grandeur & la figure des lieux que l'on occupe , il ne faut pas d'autre fcience qu'un peu d'attention , & un peu d'éxactitude.

C

Il n'eſt pas plus difficile de rapporter, ou d'appliquer ce Plan ſur
nos Cartes ; on peut voir ce que nous
avons dit ſur ce ſujet dans la premiere & ſeconde Section de ce Chapitre.

On ſe flate donc d'avoir donné une
idée aſſez claire de ce que nous entendons par nos Plans & nos Cartes,
& l'uſage que nous en voulons faire
pour la Géographie, on voit que par
leur moyen chacun peut avoir dans
ſa maiſon une Carte Géographique,
dont toutes les parties feront diſtinc-
tes, & perpétuellement ſous les yeux :
Et pour marquer plus particuliere-
ment ſur le terrain le cours des Rivieres, nous avons des Rubans uniquement deſtinés pour les tracer, a-

vec lesquels il est aisé de représenter
tous les tours & retours qu'elles peuvent faire. Ces Rubans sont cons-
truits avec tel artifice, que les d.f-
ferentes couleurs qu'on y trouve d'espace en espace, servent à faire connoître vers quelle partie du monde
s'étend chaque sinuosité de la Rivie-
re : mais leur description ne peut pas
avoir ici sa place, il faut auparavant
connoître l'usage particulier qu'on
fait des couleurs dans notre Parterre
Géographique, ce qui se verra dans
le Chapitre suivant. Ainsi nous sommes obligés de remettre à expliquer
ces Rubans & leurs usages dans la
seconde partie de notre Méthode,
aussi - bien que quelques autres détails sur les Plans & sur les Cartes

que nous n'avons pas crû pouvoit
séparer du corps de l'ouvrage, & auquel nous renvoyons.

CHAPITRE II.

DESCRIPTION DES PIRAMIDES.

NOUS avons expliqué dans le Chapitre précédeut les Cartes & les Plans du Parterre Géographique, & la maniere d'en faire ufage ; il s'agit préfentement de paffer aux Piramides, & d'en donner une connoiffance entiere , d'autant qu'elles ont une connection parfaite avec les Plans dont elles deviendront parties dans la fuite.

SECTION I.

DES PIRAMIDES EN GENERAL.

Nos Piramides font des efpeces de petites quilles de bois de deux

C iij

pouces de hauteur, fur environ neuf lignes de diametre à la bafe. Comme ces Piramides font femblables à des Echets que l'on place fur le terrain à mefure qu'on en a befoin, & felon l'ordre & le tems qu'on les veut expofer aux yeux, il faudra avoir égard à la nature du terrain fur lequel on prétend les placer, pour donner une figure commode à leur bafe ; fi c'eft pour mettre dans un Appartement, il faut que la bafe foit plate ; fi c'eft pour un Jardin, il faut qu'elle ait une pointe ou cheville en deffous, qui puiffe entrer dans la terre.

On pourroit les faire plus grandes, & l'on convient qu'elles feroient préférables, parce que les différentes figures & couleurs qui les composent, seroient plus sensibles ; mais on les a fixées pour le général , à cette hauteur , parce qu'elles seront moins d'embaras , & épargneront de la dépense ; & que d'ailleurs leur grandeur est suffisante pour que tout ce qu'on y prétend marquer , s'y distingue sans peine.

Ces Piramides sont de deux sortes ; les unes représentent des Villes , les autres des hommes.

Dans celles qui représentent des Villes , on voit de quelle partie du Monde , de quel Royaume , de quelle Province. On voit encore si c'est Archevêché , ou Evêché ; s'il y a Parlement , Chambre des Comptes , Cour des Monnoyes , Université ; si c'est un Port de Mer , &c.

Les autres ne font pas moins curieufes. On y trouve des marques qui diftinguent fi c'eft dans la Guerre, dans les Sciences, ou dans les Arts qu'ont brillé les Hommes Illuftres qu'elles repréfentent ; & enfin de quelle Partie du Monde, de quel Royaume, de quelle Ville ils étoient.

Mais avant que de mettre fous les yeux ces différentes figures, & d'en donner les explications, il faut dire quelque chofe des couleurs & des proprietés qu'on a été obligé de leur attribuer, d'autant plus qu'elles font une partie effentielle de la compofi-tion de nos Piramides.

SECTION II.

DES COULEURS.

Sans raifonner fur les couleurs &

ſur les proprietés qu'on leur peut attribuer, nous expoſons ſimplement
l'uſage que nous en prétendons faire
dans notre ſyſtême. Il ſuffit de dire
que nous en faiſons une ſuite de chifres très-commode, & qui frapera
plus ſenſiblement que les chifres ordinaires, pour nous faire diſtinguer,
au premier coup d'œil, le lieu, le
rang & l'ordre de chaque choſe.

Ceci paroîtra peut-être problema-
tique ; mais la vérité en ſera bientôt
démontrée.

Qu'on ſe dépoüille de tout pré-
jugé, & qu'on ſe mette à la place d'un
homme qui n'a jamais vû les figures
des chifres, dont nous nous ſervons
pour exprimer les nombres : On lui
dit, cette figure (1) vaut *un* ; cette

autre (2) vaut *deux* ; celle-cy (3) vaut *trois* , & ainsi des autres. On est persuadé qu'il lui faudra du tems & de la réfléxion pour que son esprit acquiere une connoissance sure & distincte de ces figures ; mais qu'à leur place ou lui montre du Bleu , du Rouge & du Verd , & qu'on lui dise , c'est *un* , *deux* & *trois* , on sent trèsbien que ces couleurs lui seront bien plus faciles à distinguer , & la vûë l'aidera beaucoup plus pour les annoncer à l'esprit , qu'elle ne fait dans chifres ordinaires.

Ainsi nous rapportons tout au premier principe de notre Systême , qui est d'aider l'esprit par le secours des sens.

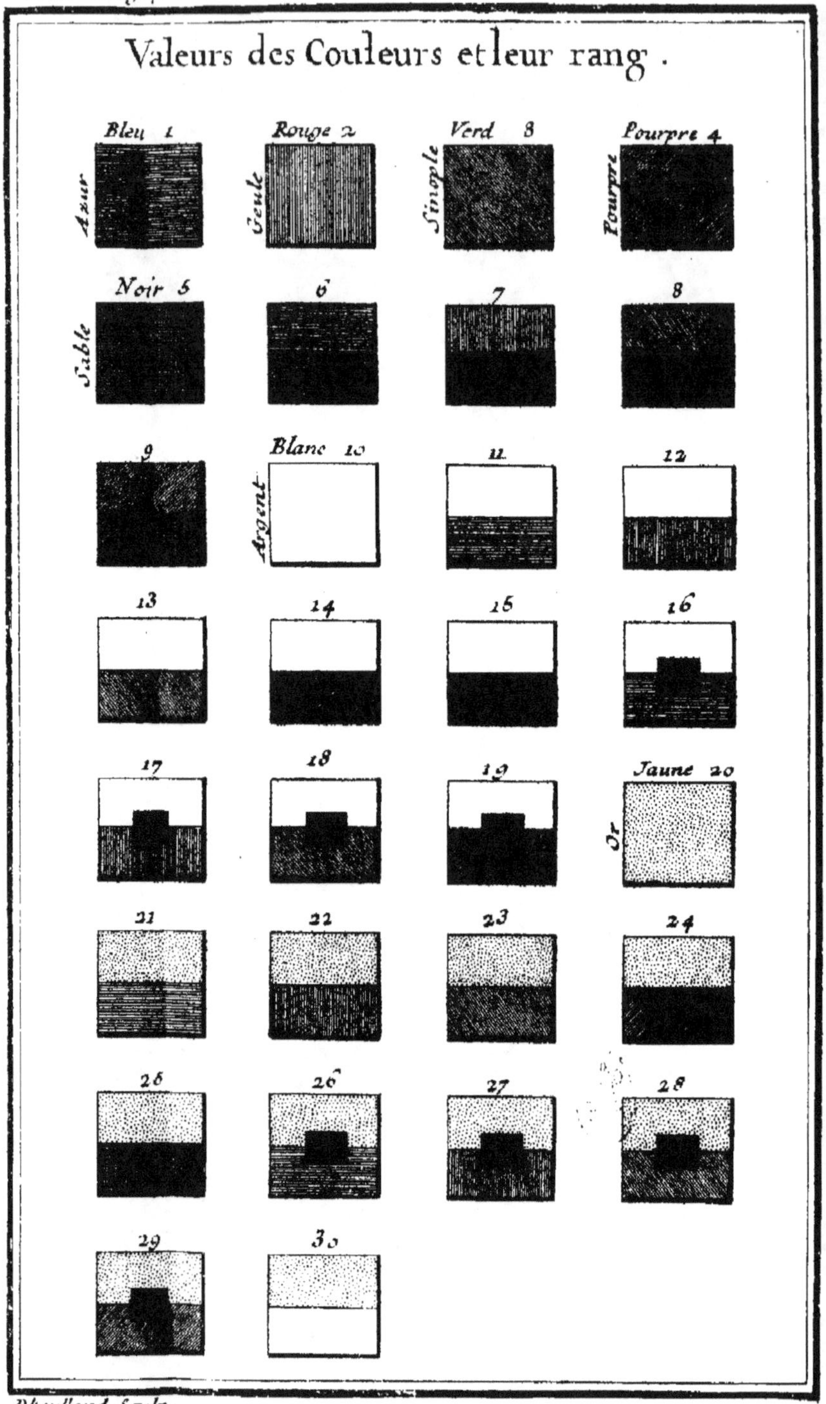

Valeurs des Couleurs et leur rang.

Azur — Bleu 1   Geule — Rouge 2   Sinople — Verd 3   Pourpre — Pourpre 4

Sable — Noir 5   6   7   8

9   Argent — Blanc 10   11   12

13   14   15   16

17   18   19   Or — Jaune 20

21   22   23   24

25   26   27   28

29   30

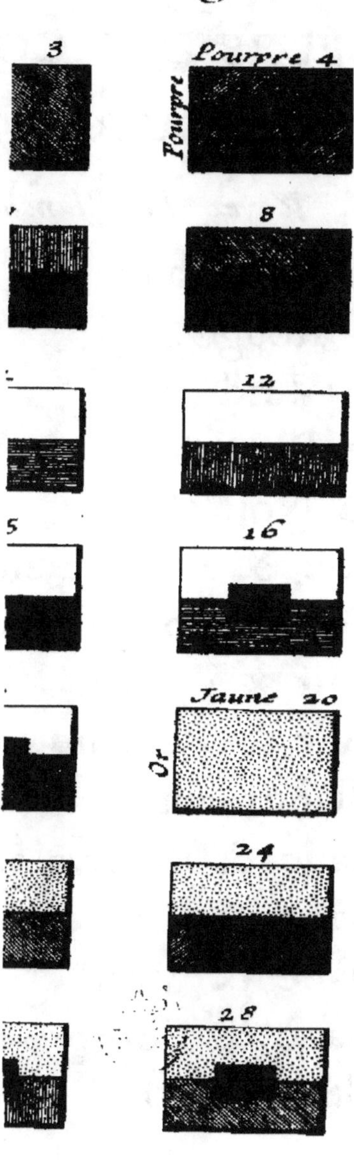

eur rang.
3
Pourpre Pourpre 4
8
12
5
16
Or Jaune 20
24
28

VALEURS DES COULEURS,
ET LEUR RANG.

Voyez la Planche V.

1 Le Bleu vaut   un
2 Le Rouge   deux
3 Le Verd   trois
4 Le Pourpre   quatre
5 Le Noir   cinq
6 Noir & Bleu valent   six
7 Noir & Rouge   sept
8 Noir & Verd   huit
9 Noir & Pourpre   neuf
10. Blanc vaut   dix
11 Blanc & Bleu valent   onze
12 Blanc & Rouge   douze
13 Blanc & Verd   treize
14 Blanc & Pourpre   quatorze
15 Blanc & Noir   quinze

16 Blanc & Bleu chargé de
    Noir   seize
17 Blanc & Rouge chargé
    de Noir   dix-sept
18 Blanc & Verd chargé
    de Noir   dix-huit
19 Blanc & Pourpre chargé
    de Noir   dix-neuf
20 Le Jaune vaut   vingt
21 Jaune & Bleu valent   vingt-un
22 Jaune & Rouge   vingt-deux
23 Jaune & Verd   vint-trois
24 Jaune & Pourpre   vingt-quatre
25 Jaune & Noir   vingt-cinq
26 Jaune & Bleu chargé
    de Noir   vingt-six
27 Jaune & Rouge chargé
    de Noir   vingt-sept
28 Jaune & Verd chargé

de Noir   vingt-huit
29 Jaune & Pourpre char-
    gé de Noir   vingt-neuf
30 Jaune & Blanc   trente

En confidérant l'ordre des premieres couleurs & leurs valeurs, on
voit qu'on pourroit pouffer la varieté
encore plus loing, s'il en étoit befoin; mais il nous fuffit d'en avoir
trente; d'ailleurs cherchant toûjours
à fimplifier nos moyens, l'ufage le
plus fréquent ne fera gueres que des
cinq ou fix premieres; ainfi il fera facile de remarquer Bleu, Rouge,
Verd, Pourpre, & Noir. valans un,
deux, trois, quatre, & cinq.

Ces cinq premieres couleurs feront donc les feules qu'on commen-

cera à faire connoître aux jeunes gens ; à l'égard des autres, elles ne leur feront développées que lorsqu'on fera déja avancé dans la Méthode.

Les autres fignifications que nous prétendons attacher aux couleurs, ne peuvent être expliquées que dans la feconde Partie, où nous traitons de l'application des moyens à la Géographie & à l'Hiftoire.

Nous dirons feulement ici par anticipation, que les quatre premieres couleurs marqueront les quatre parties du Monde fuivant leur ordre. La premiere qui eft le Bleu, marque l'Europe ; la feconde qui eft le Rouge, l'Afie ; la troifiéme qui eft le Verd, l'Afrique ; la quatriéme enfin

qui eſt le Pourpre, eſt pour l'Amerique.

Elles marquent encore dans le même ordre les quatre points principaux du Monde, le Septentrion,
Midi, Orient, Occident.

Après cette explication ſuccinte
des couleurs, nous allons revenir à
nos Piramides, où elles vont être em-
ployées.

SECTION III.

FIGURES PARTICULIERES
des Piramides.

On a vû dans la premiere Section
de ce Chapitre, que les Piramides
ſont de deux ſortes; les unes re-
préſentent des hommes, les autres
des Villes. Commençons par celles
qui caracteriſent les Villes.

PIRAMIDES REPRESENTANS
des Villes.

Ce que l'on doit d'abord chercher dans la Piramide qui repréſente une Ville, c'eſt de connoître de quelle partie du Monde elle eſt; ſoit d'Europe, d'Aſie, d'Afrique, ou d'Amerique; ce qui ſe connoîtra à la figure du pied-d'eſtal.

PIRAMIDE D'UNE VILLE
d'Europe.

Voyez Planche 6. Figure 1.

La Piramide qui repréſente une Ville d'Europe, a ſon pied-d'eſtal tout uni, ſans aucun cordon ou mou-lure.

PIRAMIDE

Planche V.

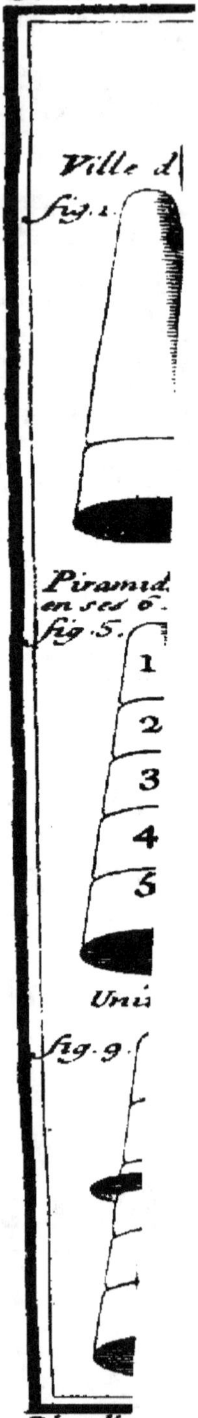

Ville d[...]
fig. 1.

Piramid.
en ses 6.
fig. 5.

1
2
3
4
5

Uni[...]

fig. 9.

Dicula[...]

Piramides representant des Villes

Ville d'Europe   Ville d'Asie   Ville d'Afrique   Ville d'Amerique

fig. 1   fig. 2   fig. 3   fig. 4

Piramide divisée en ses 6 Espaces   Archevéché   Evêché   Parlement

fig. 5   fig. 6   fig. 7   fig. 8

Université   Port de Mer

fig. 9   fig. 10   fig. 11

Dheulland Sculp

PIRAMIDE D'UNE VILLE D'ASIE.

Voyez Planche 6. Figure 2.

Celle qui repréfente une Ville d'Afie, a une moulure ou cordon au milieu de fon pied-d'eftal.

PIRAMIDE D'UNE VILLE
d'Afrique.

Voyez Planche 6. Fig. 3.

La Piramide qui répréfente une Ville d'Afrique, a deux cordons ou moulures au milieu de fon pied-d'eftal.

PIRAMIDE D'UNE VILLE
d'Amerique.

Voyez Planche 6. Figure 4.

Celles d'Amerique ont leur pied-d'eftal chargé de trois cordons.

D

☞ Il faut obferver que ces marques du pied-d'eſtal de nos Piramides , font communes à toutes , foit qu'elles repré-ſentent des Villes ou des Hommes.

Ayant ainſi connu par le-pied-d'eſtal de quelle partie du Monde eſt l'Homme ou la Ville, il faut voir de quel Royaume , de quelle Pro-vince , & enſuite de quels faits Hiſto-riques cette Ville a été le théatre.

Pour cet effet on a diviſé la Pira-mide en ſix parties ; les cinq pre-mieres partagent également ſa hau-teur depuis la baſe juſqu'au ſommet, & la ſixiéme eſt la baſe ou le deſſous de la Piramide.

Ces ſix eſpaces ou parties ſont diſ-tinguées par les couleurs.

PIRAMIDE DIVISEE
en ses six espaces.

Voyez Planche 6. Figure 5.

Le premier espace est ce qui marque le Royaume.

Le second marque la Province ou le Gouvernement.

Le troisiéme désigne le rang de cette Ville, eu égard aux autres de sa Province; c'est-à-dire, si elle est la seconde, ou la troisiéme de cette Province.

On voit donc que les trois premiers espaces sont destinés pour la Géographie; les trois autres sont pour l'Histoire.

Mais avant que d'expliquer ces trois derniers, il faut donner de suite tout ce qui appartient à la Géogra-

phie ; ainſi nous allons expoſer aux
yeux les figures que nous employe-
rons pour marquer , Archevêché, E-
vêché , Parlement , Univerſité, Port
de Mer, Cour des Monnoyes, Chambre des Comptes , Cour des Aydes,
& Généralité.

PIRAMIDE REPRESENTANT
Archevêché.

Voyez Planche 6. Figure 6.

L'Archevêché ſe marque par deux
petites Pomettes au ſommet de la Piramide , ou premier eſpace.

PIRAMIDE REPRESENTANT
Evêché.

Voyez Planche 6. Figure 7.

La marque de l'Evêché eſt une
Pomette ſeule au ſommet de la Pi-

ramide ou premier espace.

PIRAMIDE REPRESENTANT
Parlement.

Voyez Planche 6. Figure 8.

Le Parlement est désigné par un Globe ou Boule, beaucoup plus grosse que les précédentes, & placé au second espace.

PIRAMIDE MARQUANT
Université.

Voyez Planche 6. Figure 9.

Pour marquer l'Université, c'est une Plate-forme au milieu du troisiéme espace de notre Piramide.

PIRAMIDE MARQUANT
Port de Mer.

Voyez Planche 6. Figure 10.

Le Port de Mer se connoît par une

fusée ou olive, au quatriéme espace.

PIRAMIDE AVEC LES MARQUES

de Cour des Monnoyes, Chambre des Comptes, Cour des Aydes, & Généralité.

Voyez Planche 6. Figure 11.

On distingue la Cour des Monnoyes par deux especes de petits Boutons en saillie, entre le premier & le deuxiéme espace.

La Chambre des Comptes, par ces deux Boutons placés entre le second & le troisiéme espace.

La Cour des Aydes les a entre le troisiéme & le quatriéme.

La Généralité se connoît par ces deux petits Boutons, entre le quatriéme & le cinquiéme espace ; c'est-à-dire, au-dessus du pied d'estal de la Piramide.

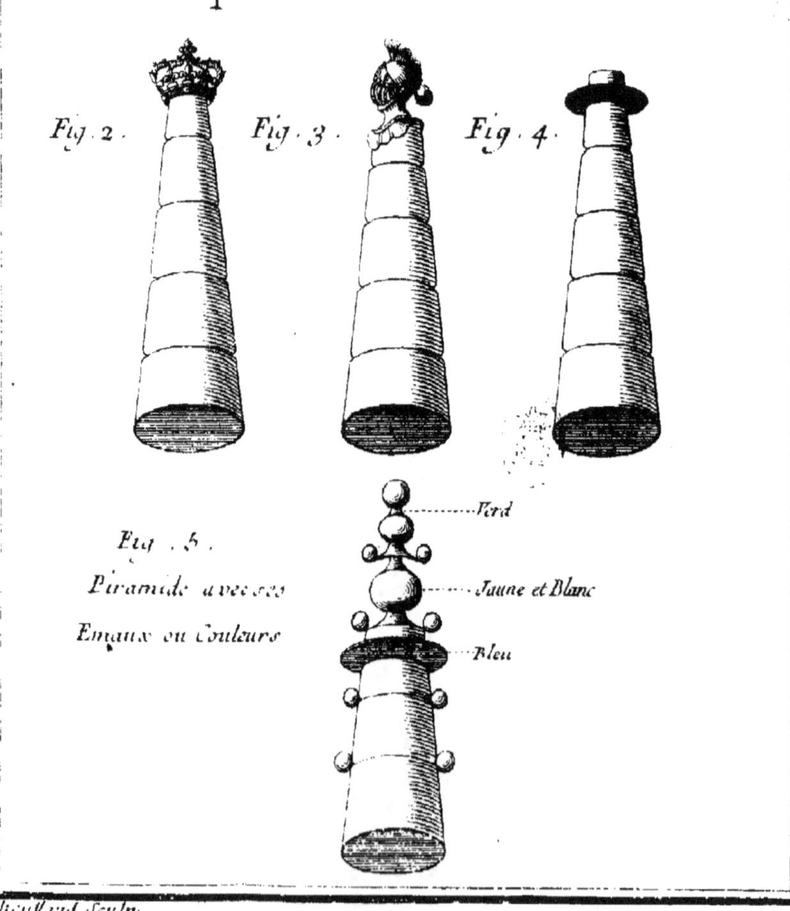
Piramide Chargée de tous les differens attributs
Fig. 1.
Les 6 Espaces
de la Piramide
1
2
3
4
5
6
Archeveché
Cour des Monoies
Parlement
Chambre des Comptes
Université
Cour des Aides
Port de Mer
Generalité
Cordons a la base
Piramides reprefentans des Hommes Illustres
Fig. 2.
Fig. 3.
Fig. 4.
Fig. 5.
Piramide avec ses
Emaux ou Couleurs
Verd
Jaune et Blanc
Bleu

ics

mptes

se

Voilà une description éxacte de tous les différens signes employés dans nos Piramides ; & quand même ils se trouveroient tous réünis dans une seule (ce qui ne peut pas être) ils ne causeroient pas la moindre confusion , comme on le peut voir dans la figure cy jointe , *Planche* 7. *Figure* 1.

Il faut se souvenir que nous avons partagé nos Piramides en six espaces , dont les trois premiers ont été expliqués ; il nous reste encore à faire voir les trois derniers , qui sont destinés pour indiquer les divers événemens & faits Historiques ; ainsi le quatriéme espace nous montre de quelle nature est le fait d'Histoire qui se raporte à cette Piramide , si c'est de l'His-

toire Sainte, de l'Hiſtoire Profane ;
de l'Hiſtoire de France, ou de l'Hiſtoire univerſelle. Le cinquiéme marque l'âge ou le ſiécle de ce fait Hiſtorique : Et le ſixiéme, qui eſt le deſſous de la Piramide, indique l'article
& la page de notre Méthode où ce
fait eſt énoncé.

C'eſt ici où les couleurs ſont em-
ployées avec cet art ſimple & naturel, qui fait le principal avantage
de notre Méthode : Ce ſont elles qui
diſtinguent nos eſpaces, & qui ex-
priment tout ce qui doit y être re-
préſenté.

Mais avant que de paſſer à cette
explication, il faut donner la deſcription de notre ſeconde eſpece de Piramide qui repréſente des hommes.

PIRAMIDES REPRESENTANS
des Hommes Illustres.

Tout ce qui a été dit cy-devant du pied-d'estal des Piramides, de leurs six espaces, & des couleurs qui les distinguent, est commun à toutes, soit qu'elles représentent des Hommes, ou des Villes ; la différence n'est que dans le haut de la figure. Tous les hommes illustres que l'Histoire nous présente, se réduisent à ces trois classes, le Monarque, le Capitaine, & l'Auteur.

PIRAMIDE REPRESENTANT
un Monarque.

Voyez Planche 7. Figure 2.

La Piramide qui nous indique un Monarque, aura un Couronne au sommet

PIRAMIDE REPRESENTANT
un Capitaine.

Voyez Planche 7. Figure 3.

La Piramide qui repréſente un Capitaine, aura un Caſque au ſommet.

PIRAMIDE REPRESENTANT
un Auteur.

Voyez Planche 7. Figure 4.

Enfin celle qui déſigne un Auteur, a un Chapeau.

SECTION IV.

EXPLICATION
d'une Piramide particuliere avec différens Attributs.

Cette Section n'eſt qu'une récapitulation des trois précédentes, afin de raprocher dans un ſeul point de vûë toutes les parties que nous avons été contrains, pour plus de clarté, d'expofer les unes après les autres, & par ce moyen en faciliter l'application.

La figure cy jointe, eft une Piramide qui repréfente une Ville. (*Voyez Planche* 7. *Figure* 5.)

Je veux fçavoir d'abord de quelle partie du Monde elle eft : je regarde à la bafe, je trouve le pied-d'eftal tout uni, fans aucun cordon ni moulure, cela m'indique que cette Ville eft d'Europe.

Je cherche enfuite de quel Royaume, je vois la couleur du premier efpace, il eft ici noir, cette couleur vaut cinq, le Royaume qui paroît le cinquiéme dans la divifion Géographique que nous faiſons des parties de l'Europe, c'eſt la France ; cette Ville eſt donc de la France.

Je veux ſçavoir de quelle Province, c'eſt le ſecond eſpace qui me l'indique, il eſt pourpre, qui par la valeur de mes couleurs, marque quatre ; donc c'eſt le quatriéme Gouvernement, qui eſt l'Iſle de France, ſuivant la diviſion faite de ce Royaume dans notre nouvelle Méthode.

Le troiſiéme eſpace marque le rang de la Ville ; il eſt bleu premiere couleur : c'eſt la premiere Ville ou la Capitale de l'Iſle de France, Paris.

Je vois enſuite deux Pommettes au premier eſpace, c'eſt un Archevêché.

Un Globe ou Boule au second espace, il y a Parlement.

Une Plateforme au troisiéme espace, c'est Université.

Je remarque deux petits Boutons
entre le premier & le second espace,
c'est Cour des Monnoyes.

Deux autres Boutons entre le second & le troisiéme, c'est Chambre
des Comptes.

Deux petits Boutons entre le troisiéme & le quatriéme espace, c'est
Cour des Aydes.

Enfin deux Boutons entre le quatriéme & le cinquiéme espace, marquent la Généralité.

Voilà tout ce qui concerne la Geographie dans ma Piramide.

Pour l'Histoire, on sçait que ce

ſont les trois autres eſpaces qui l'in-
diquent. Je vois donc ici que le quatriéme eſt verd, cette couleur vaut
trois ; c'eſt l'Hiſtoire de France qui
tient le troiſiéme rang dans notre
Méthode : donc le verd m'annonce
un fait de l'Hiſtoire de France.

En quel tems ce fait eſt-il arrivé ?
La couleur du cinquiéme eſpace le
marque ; elle eſt noire, le noir vaut
cinq, c'eſt dans le cinquiéme ſiécle.

Et pour détailler ce fait, le deſſous
de la Piramide renvoye à l'endroit de
notre Méthode où il eſt énoncé.

CHAPITRE III.

EXPLICATION PARTICULIERE DES PIRAMIDES PAR RAPPORT A L'HISTOIRE, ET LA DESCRIPTION DES ARBRES HISTORIQUES.

PAR l'explication des Plans & des Piramides qui a été faite dans les deux chapitres précédens, nous nous flatons d'avoir démontré que la Géographie y peut être appliquée avec une netteté & une éxactitude qui en rendra l'ufage fimple & facile à tout le monde.

Il ne nous refte plus qu'à faire voir que nous avons le même avantage pour l'Histoire, quoiqu'elle semble du premier coup d'œil, être un peu plus difficile à appliquer à des objets extérieurs.

Pour y parvenir, nous sommes obligés de rappeller ici ce que nous avons dit dans le chapitre précédent sur les couleurs, la figure & les divisions ou espaces de nos Piramides.

Mais nous avons démontré qu'elles servent également à la Géographie & à l'Histoire ; que des six espaces qui les partagent, les trois derniers sont uniquement employés pour les faits Historiques. Que l'un de ces espaces nous représente de quelle nature est ce fait, l'autre en quel siécle il s'est passé, & le dernier marque l'article & la page de notre Méthode

de où il en est parlé.

Ainsi on ne peut tenir une Ville, qu'on ne voye en même tems de quel fait Historique cette Ville a été le théâtre, & en quel siécle cela est arrivé.

Mais cela n'est pas suffisant pour une Science aussi étenduë que l'Histoire ; & que nous voulons rendre à la jeunesse, aussi simple & aussi facile, que les amusemens les plus ordinaires.

C'est ce qui nous a fait faire des Piramides qui représentent des hommes, & dont nous n'avons donné qu'une description succinte.

On a vû que les unes représentent des Monarques, les autres des Capitaines, & les dernieres, des Auteurs,

E

Sous le nom de Monarque, nous comprenons les Chefs du Peuple de Dieu, les Fondateurs des Empires, les Papes, les Empereurs, les Rois, & généralement tous les Souverains.

La Couronne au sommet de la Piramide, est ce qui nous désigne cette premiere classe, & on observe que cette Couronne sera variée, & sa figure différente selon le sujet; de sorte qu'il sera aisé de distinguer un Chef du Peuple de Dieu d'avec un Pape, un Empereur d'avec un Roy de France, & ceux-cy d'avec les autres Souverains de l'Europe.

Par le nom de Capitaines, on entend les Généraux d'Armées, & tous les grands Hommes qui ont brillé dans les armes, qui seront caractérifés par différens attributs.

Sous le nom d'Auteurs nous ren-
fermons ceux qui fe font diftingués
dans les Sciences, dans les Arts, ou
dans les belles Lettres, & nous a-
vons pour cette troifiéme claffe la
même attention que pour la premiere; il faut qu'on voye au premier
coup d'œil fi c'eft un Pere de l'Egli-
fe, ou un Auteur profane, un Gram-
mairien ou un Poëte, un Hiftorien
ou un Philofophe, dont les différen-
ces feront fenfibles au fommet.

Au moyen de cette divifion & de
la variété de ces figures, nous pouvons expofer aux yeux toutes fortes
de fujets fans la moindre peine, ni la
moindre confufion. D'ailleurs nos Piramides font ornées de couleurs, qui

ont leurs fignifications, & defquel-
les nous nous fervons au lieu de chifres, pour repréfenter l'ordre & le
rang de nos divifions Hiftoriques.
Ainfi en voyant ces couleurs, on
connoît fi c'eft un fait d'Hiftoire fain-
te, d'Hiftoire prophane, ou d'Hiftoire de France, que la Piramide annonce.

Les Piramides feules font donc fuf-
fifantes pour rappeller les faits Hiftoriques, & pour en fixer l'ordre &
l'arrangement dans la mémoire par
le fecours d'une vûë fréquente & mé-
nagée avec art. Mais comme ces figures muettes ne nous font que pré-
fenter le fait d'Hiftoire en général,
fans pouvoir entrer dans le détail néceffaire, pour nous le raconter dans

toutes ſes particularités , nous avons été obligés de faire un nombre de ſentences ou phraſes , qui renferment chacune un fait d'Hiſtoire ; chaque ſentence ne contient pas plus de ſept ou huit mots , & ce ſont elles qui ſont (ſi l'on peut s'exprimer ainſi) parler nos Piramides , & qui ſerviront infiniment à remplir & fixer la mémoire , ſur-tout pour les jeunes gens qui ſont ſortis de l'enfance ; car pour les enfans , on leur fera apprendre ces phraſes ſans qu'ils paroiſſent les étudier.

Nous les avons réduites à environ douze cens , que nous croyons ſuffiſantes , & qui ſont diſtribuées aux différentes diviſions qu'on eſt obligé de faire de l'Hiſtoire.

Nous la partageons donc en cinq classes, dont chacune a ses divisions particulieres.

La premiere, sera l'Histoire Sainte.

La seconde, l'Histoire Profane, depuis le commencement du Monde jusqu'à Jesus-Christ.

La troisiéme, l'Histoire de France.

La quatriéme, l'Histoire Ecclésiastique.

Et la cinquiéme, l'Histoire universelle, depuis Jesus-Christ jusqu'à présent.

Pour rendre cette division sensible, & la pouvoir exposer aux yeux à chaque instant, nous en composons un Arbre, dont le tronc nous représente l'Histoire, qui pousse cinq bran-

Planch.VIII. Pag.71.
ARBRE HISTORIQUE
Representant la Division générale de l'Histoire
en Cinq Classes
Rouge
Vd.
Histoire Profane jusqua J.C.
Histoire de France
Pourpre
Histoire Ecclesiastique
Histoire Sainte
Histoire Universelle depuis
Bleu
Noir
L'HISTOIRE

re

ARBRE
Representant l'Histoire Sainte divisée en VI. Ages.

71.

es.

ches, ou plutôt cinq autres arbres, qui font nos cinq claffes ; les couleurs de ces branches font voir l'ordre & le rang que chacune tient. (*Voyez Planche* 8. *Figure* I.)

Chacune de nos cinq branches fait enfuite en fon particulier un nouvel Arbre.

Par éxemple, la premiere bran_che qui eft l'Hiftoire Sainte, forme un autre Arbre, auquel nous don-nons fix branches, pour repréfenter les fix âges qui fervent à partager l'Hiftoire Sainte. (*Voyez Planche* 9. *Figure* I.

Le premier âge ou la premiere branche, eft la création du Monde.

Le fecond, la difperfion des hom-mes.

E iiij

Le troisiéme, l'âge des promesses faites aux Patriarches.

Le quatriéme, le tems des Juges d'Israël.

Le cinquiéme, le tems des Rois partagés en Rois de Juda & Rois d'Israël.

Et le sixiéme, le temps des Pontifes après la captivité de Babylone.

Il faut observer que le tronc de ce nouvel arbre, conserve la couleur qu'il avoit, comme branche de celui qui nous représente la division générale de l'Histoire. (*Voyez les Planches précédentes* 8. & 9.) Dans le premier Arbre on voit que la branche de l'Histoire Sainte est bleuë ; le tronc du second qui annonce cette partie, est bleu, & ses branches reprennent chacune en particulier, des couleurs propres à marquer le rang qu'elles ont entre elles.

Nous ne pousserons pas plus loin le détail des Arbres Historiques ; ce qu'on en vient de montrer est suffisant pour les faire connoître.

Nous dirons donc hardiment que la vûë continuelle de ces Arbres imprimera nécessairement dans l'esprit toutes nos divisions Historiques, avec un ordre & un arrangement que rien ne pourra troubler, & que les phrases ou sentences que l'on apprendra en conformité de ces divisions, s'appliqueront & se fixeront d'elles-mêmes sur toutes ces figures. Joignant à cela nos Piramides où les principaux faits de l'Histoire sont aussi représentés, on sent que ces divers moyens réünis meneront insensiblement à une connoissance sure & parfaite de cette Science.

Qu'on ne dise pas que par nos Phrases nous proposons une Etude, nous avons dit qu'elles ne doivent être présentées sous cette forme qu'aux jeunes gens assez avancés en âge, pour sentir qu'il leur est honteux d'ignorer ce que des enfans peuvent apprendre en peu de tems ; ceux-là, dis-je, aiment une petite étude réglée, mais qui ne peut s'appeller ainsi en suivant notre Systême ; car quand ils n'apprendroient que trois ou quatre sentences par jour, qui ne font jamais ensemble plus de quatre lignes, c'est l'ouvrage d'une année.

Pour les enfans il faut qu'ils les apprennent fans paroître les étudier : ce qui fera facile à concevoir, fi l'on comprend bien l'ordre & l'application particuliere qui lui fera faite de ces phrafes, & les longs intervalles de tems que nous demandons, pour les pouvoir expofer les unes après les autres.

Si quelqu'un doutoit encore que nos phrafes puiffent s'apprendre fans étude, qu'il nous foit permis de faire une comparaifon pour leur faire fentir combien l'arrangement facilite les chofes qui paroiffent impoffibles.

Pour compofer un fac de mille livres, prenons des poignées de liards, quelques-unes de fols marqués, des pieces de fix fols, de douze, & de vingt-quatre; qu'on y joigne des écus de trois livres, des écus de six livres, en un mot toutes sortes d'especes, broüillons les bien, & donnons ensuite cette masse à compter à une personne en tirant les diverses especes du sac les unes après les autres, suivant que le hazard les fera venir,

Quelle peine ne seroit-ce pas pour celui que nous obligerions de compter toute la somme, & seroit-il possible qu'il en pût venir à bout de cette sorte ? Non certes, sa mémoire & son attention ne lui suffiroient pas dans une pareille operation ; avec l'aide de la plume, il auroit même bien de la peine à y parvenir. Mais qu'on lui range ces especes, qu'on mette les écus ensemble, les pieces

de vingt-quatre fols , les fols marqués, les liards , tous rangés féparément, alors cette perfonne trouvera
la fomme de mille livres bien aifément, & bien vîte. Il y a plus , c'eſt
qu'il verra au premier coup d'œil le
nombre de chacune des différentes
efpeces qui la compofent; ce qu'il
n'auroit pas pû faire auparavant.

Il en eſt de même de l'Hiſtoire ;
elle nous paroît d'abord un mêlan-
ge confus & prodigieux de faits &
d'époques qui effrayent la mémoire ;
mais qu'on fçache les ranger & les
expofer avec ordre & mefure , les
diſtinguant & marquant par des figures également frapantes & amufantes,
alors le cahos difparoît , tous ces faits
s'arrangent , fe placent & fe fixent

dans la mémoire fans peine & fans confufion, & fans même que celui qui les apprend, s'en apperçoive.

CONCLUSION

DE CETTE PREMIERE PARTIE.

NOUS ne croyons pas qu'il foit befoin d'étendre davantage cette premiere Partie ; ce que nous avons dit eft fuffifant pour faire connoître le but du Parterre Géographique, & les moyens dont on prétend fe fervir pour y arriver.

Nous avertiffons feulement que dans l'application de ces moyens à la Géographie & à l'Hiftoire, qui fait la feconde & la principale partie de la nouvelle Méthode, on trouvera un détail particulier pour chacun de ces divers moyens, qui eſt non ſeulement utile, mais que nous aſſurons néceſ-ſaire pour les Maîtres & les Diſciples. C'eſt ce que nous avons crû devoir retrancher de la premiere Partie, d'autant plus qu'elle n'eſt qu'une ſim-ple expoſition du Syſtême, où il faut non ſeulement éviter la confuſion, mais même répandre le plus de jour qu'il eſt poſſible.

Le Public auroit peut-être ſouhai-té que nous euſſions ajoûté ici quel-ques exemples de leçons, avec leurs applications ſur les divers moyens; c'étoit notre premiere intention: mais après avoir réfléchi, nous n'avons pas crû devoir les détacher de notre ſe-conde Partie, parce que ces premieres leçons font fi fimples, ou pour mieux dire, fi peu de chofe par elles-mêmes, qu'on n'en tireroit pas grand avantage, étant féparés de la fuite des leçons plus avancées, au lieu que toutes enfemble, elles forment un ordre naturel, qui méne infenfiblement à toutes les connoiffances qu'il faut acquerir, pour poffeder entierement la Géographie & l'Hiftoire.

Il ne nous refte plus qu'à donner une idée du corps de l'Ouvrage, faire voir comment chaque Partie fera traitée, & dans quel ordre nous les donnerons au Public.

Comme il eft naturel de connoître fon Pays avant les autres, nous commencerons par la France. Nous mettrons à la tête une petite Introduction

à

à la Géographie , dans laquelle on trouvera l'explication des termes les plus ufités , & quelques idées de la Sphere ; on y joindra une divifion générale du Globe Terreftre , & après avoir fait voir l'Europe en général ; on viendra à la *France* , ce qui doit compofer notre premier Volume , qui fera un in-quarto , dans lequel il y aura près d'une centaine de Planches.

Nous y traitons la Géographie & l'Hiftoire de ce Royaume ; ce n'eft pas que nous joignions ou mêlions ces deux Parties enfemble pour n'en faire qu'une ; il y auroit à craindre une confufion qui feroit trop éloignée de la fimplicité & de la clarté de notre Méthode : Nous les féparons

F

donc ; de sorte que ceux qui voudront voir l'une sans l'autre, le pourront aisément : Mais quoique détachées, nous conservons entre les parties de l'Histoire & de la Géographie, une liaison & une connexion qu'il sera très-aisé d'y trouver, si l'on veut en faire usage.

On a vû par la description de nos Piramides, qu'elles sont communes à la Géographie & à l'Histoire, & tout le monde sçait que ces deux Sciences se prêtent un mutuel secours, qui les rend & plus faciles & plus agréables.

Nous commençons donc par donner une Carte générale du Monde & de ses quatre grandes parties. Une Carte d'Europe divisée selon les di-

vers Royaumes & Etats qui la compoſent, que nous expliquerons le
plus clairement qu'il ſera poſſible.

Nous donnons la Carte générale
de France par Gouvernemens ; on
les y trouve diſtingués avec la Capitale ſeulement de chacun, & les
principales Rivieres.

Prenant enſuite chaque Gouvernement en particulier, nous en ferons autant de Cartes, qui contien-
dront tous les détails néceſſaires pour
en donner une connoiſſance Géographique très-étenduë ; & nous y
joignons une Deſcription pour chacune de ces parties, qui ſera la plus
complette qu'il ſera poſſible.

Nos Cartes feront dreſſées ſur la
même échelle, & conſtruites de fa-

çon qu'il fera aifé de rapporter , fi l'on veut , toutes ces différentes feüilles , pour n'en faire qu'une grande Carte de France, qui fera par ce moyen très-détaillée , dreſſée ſur les obſervations les plus récentes , & ſur les Cartes reconnuës pour les meilleures & les plus éxactes.

Après nos Cartes Géographiques, on trouve plus de deux cens Pirami-des , qui font les Villes les plus con-fidérables du Royaume, & qui pré-ſenteront aux yeux tout ce qui con-cerne chaque Ville en particulier , ſuivant les explications que nous en avons donné dans cette premiere Partie.

Ainſi lorſque dans notre Méthode nous parlerons d'une Ville, nous in-

diquerons la Piramide qui la représente, à laquelle on pourra avoir recours, pour la mettre sous les yeux
des jeunes gens, qui seront conduits
suivant notre Système.

Nous nous flatons donc de donner une Géographie plus complette
& plus facile, que celles qui ont paru
jusqu'ici.

L'Histoire ne sera pas traitée avec
moins de soin ; après avoir donné les
divisions générales, & les prélimi-
naires nécessaires à cette Science ,
nous commençons par l'Histoire de
France , que nous traitons comme
tous les Historiens, en suivant les
Races & les Branches de nos Rois.
Nous y joignons un nombre d'Arbres
Historiques suffisans pour en repré-

senter les divisions & subdivisions : Nous détaillerons les faits le plus succinctement qu'il sera possible ; mais nous aurons attention de faire voir les sources où nous les aurons puisé , en citant les Auteurs où on les pourra trouver plus au long. Outre nos Arbres , nous aurons plus de cent cinquante Piramides, qui représenteront les Hommes illustres , dont il sera parlé dans le cours de l'Histoire , & que la Méthode indiquera pour y avoir recours, comme on a fait dans la Géographie sur celles qui représentent des Villes , qui seront encore rappellées ici lorsqu'il y aura quelque fait , dont elles auront été le théâtre.

Il est inutile de pousser plus loin ce

détail ; il suffit de dire que l'on fera pour les autres Parties, ce que l'on vient de voir pour la France. Ainsi le Public est en état de juger si un pareil Ouvrage peut être avantageux aux jeunes gens, & leur faciliter une étude aussi nécessaire que celle de la Géographie & de l'Histoire.

FIN.

APPROBATION.

J'Ai lû par l'ordre de Monseigneur le Garde des Sceaux, *la premiere Partie, ou le Plan d'une nouvelle Méthode d'enseigner aux Enfans la Géographie & l'Histoire.* Cette Méthode m'a paru fort ingénieuse, & d'une éxecution facile. A Paris ce 10. Juillet 1736.

LE MONNIER.

9 782329 772783